Todo el mundo usa la
tecnología

Colleen Hord

Röurke
Educational Media

rourkeeducationalmedia.com

Escanea el código para descubrir
títulos relacionados y recursos
para los maestros

Enfoque de la enseñanza:

Puntuación final: Pida a los alumnos que ubiquen la puntuación final de las oraciones en el libro. Cuente cuántas veces se usa un punto, signos de interrogación o de exclamación. ¿Cuál es el signo que más se usa? ¿Cuál es el propósito de cada puntuación final? Practique la lectura de estas oraciones con el tono apropiado.

Antes de leer:

Construcción del vocabulario académico y conocimiento del trasfondo

Antes de leer un libro, es importante que prepare a su hijo o estudiante usando estrategias de prelectura. Esto les ayudará a desarrollar su vocabulario, aumentar su comprensión de lectura y hacer conexiones durante el seguimiento al plan de estudios.

1. Lea el título y mire la portada. *Haga predicciones acerca de lo que tratará este libro.*
2. Haga un «recorrido con imágenes», hablando de los dibujos/fotografías en el libro. Implante el vocabulario mientras hace el recorrido con las imágenes. Asegúrese de hablar de características del texto tales como los encabezados, el índice, el glosario, las palabras en negrita, los subtítulos, los gráficos/diagramas o el índice analítico.
3. Pida a los estudiantes que lean la primera página del texto con usted y luego haga que lean el texto restante.
4. Charla sobre la estrategia: úsela para ayudar a los estudiantes mientras leen.
   - Prepara tu boca
   - Mira la foto
   - Piensa: ¿tiene sentido?
   - Piensa: ¿se ve bien?
   - Piensa: ¿suena bien?
   - Desmenúzalo buscando una parte que conozcas
5. Léalo de nuevo.
6. Después de leer el libro, complete las actividades que aparecen abajo.

Área de contenido Vocabulario
Utilice palabras del glosario en una frase.

amenazados
astronautas
científicos
ingenieros
inventos
solar

Después de leer:

Actividad de comprensión y extensión

Después de leer el libro, trabaje en las siguientes preguntas con su hijo o estudiantes para comprobar su nivel de comprensión de lectura y dominio del contenido.

1. ¿Qué hace la tecnología por la gente en todo el mundo? *(Resuma).*
2. ¿Qué es la tecnología solar? *(Haga preguntas).*
3. ¿Por qué son necesarias las cámaras para rastrear a los leones en peligro de extinción en la India? *(Infiera).*
4. ¿Con qué tipo de tecnología te entretienes? *(Texto para conectar con uno mismo).*

Actividad de extensión

La tecnología ha cambiado la forma en que las personas hacen las cosas. Con la ayuda de un adulto, haz una lista de las diferentes formas en que las personas se han comunicado a lo largo de la historia. Algunas de ellas serían: por carta, teléfono fijo o paloma mensajera. Crea una línea del tiempo que muestre este avance tecnológico en las comunicaciones. ¿Cómo crees que nos comunicaremos en el futuro? ¿De qué otras maneras la tecnología ha cambiado la vida de las personas?

Alrededor del mundo, la gente usa
la tecnología todos los días.

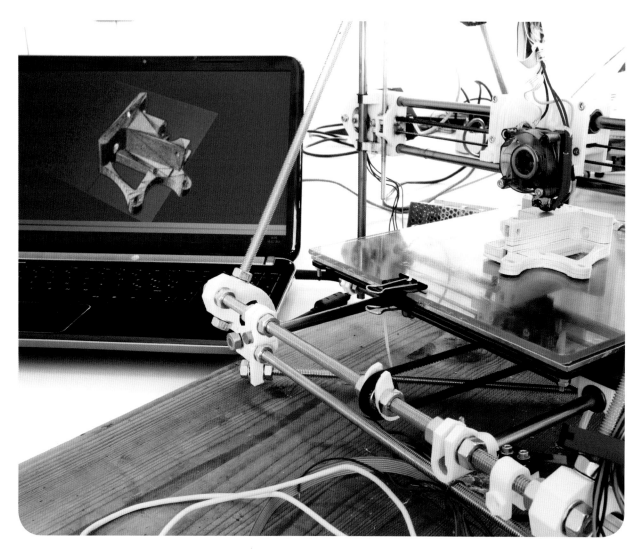

Estos **inventos** ayudan a la gente a resolver problemas y les hacen la vida más fácil.

La tecnología lleva agua potable a aldeas en África.

La tecnología **solar** se usa en Haití y en otros lugares que necesitan de más electricidad.

En India, las personas usan la tecnología de cámaras para rastrear a leones **amenazados**.

La tecnología también ofrece opciones
de entretenimiento.

Se usa para hacer películas y programas de televisión.

La gente en todas partes usa la tecnología para comunicarse.

¡Una persona en España puede hablar con otra al otro lado del planeta, en Nueva Zelanda!

La tecnología es usada para ayudar a gente con lesiones o incapacidades.

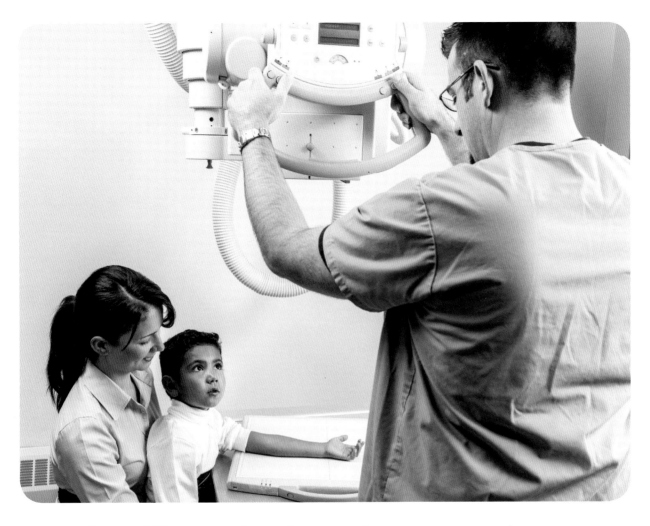

Los **científicos** y los **ingenieros** usan la
tecnología para hacer máquinas y medicinas
que ayuden a personas alrededor del mundo.

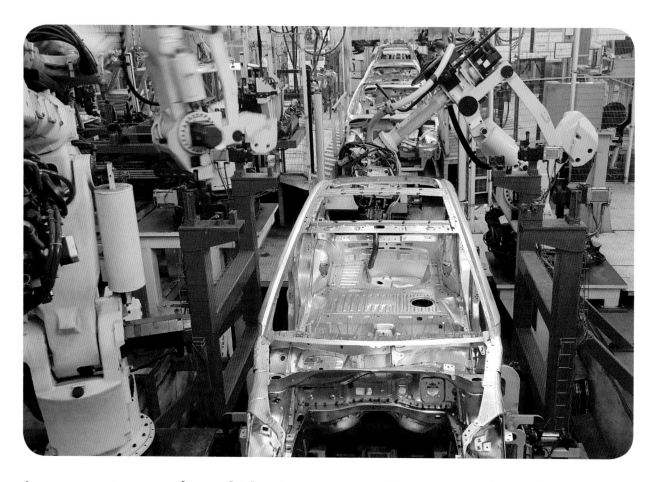

La gente en las fábricas usa la tecnología para hacer las cosas que usamos a diario. Los robots de las fábricas de Tokio ayudan a los trabajadores a hacer cosas rápidamente y de manera segura.

Los robots pueden ayudar a hacer muchas cosas. Los agricultores en Irlanda usan robots para ordeñar sus vacas.

La gente que trabaja en aviones, trenes y barcos usa la tecnología para mantener seguros a los viajeros.

¡La tecnología incluso permite a las personas desplazarse bajo el agua!

Los investigadores usan la tecnología para vivir muchos días en el fondo del océano.

La tecnología no sólo está aquí en la Tierra.

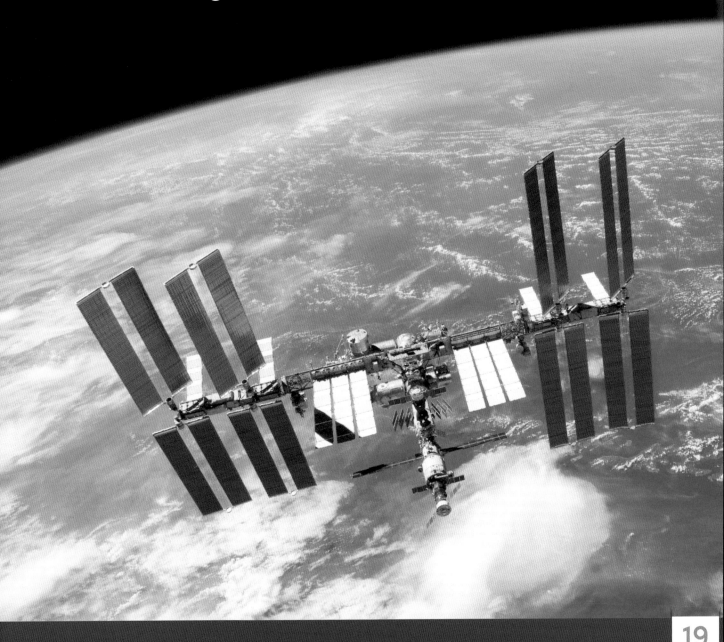

Los **astronautas** de Estados Unidos, Japón, Rusia y de otros países usan la tecnología para vivir y trabajar juntos en el espacio.

¿Qué tecnologías has usado hoy?

Glosario fotográfico

amenazados: cuando una planta o un animal están amenazados, quiere decir que están en riesgo de extinción.

astronautas: personas que viajan al espacio.

científicos: personas que estudian la naturaleza y el mundo mediante pruebas y experimentos.

 **ingenieros:** personas que reciben capacitación para diseñar y construir máquinas y estructuras.

 **inventos:** productos o dispositivos que hace alguien.

 **solar:** alimentado por la energía del Sol.

Índice analítico

Sitios web

www.si.edu/Kids (página en inglés)

www.exploratorium.edu/explore (página en inglés)

https://www.nasa.gov/audience/forstudents/nasaandyou/home/index.html (página en español)

Demuestra lo que sabes

1. ¿Cuáles son algunas de las formas en que usas la tecnología en tu salón de clases?
2. ¿Cómo sería diferente tu día sin el uso de la tecnología?
3. ¿La tecnología ayuda a la gente y a los robots a hacer cosas y realizar tareas? Explica tu respuesta.

Sobre la autora

Colleen Hord es maestra de primaria. Vive en una propiedad de seis acres con su esposo, varias gallinas, patos y pavos reales. Los talleres de escritura son lo que más le gusta de su trabajo como maestra. Cuando no está enseñando o escribiendo, le gusta remar en kayak, caminar por la playa y visitar a su familia.

¡Conoce a la autora! (Página en inglés). www.meetREMauthors.com

www.rourkeeducationalmedia.com

PHOTO CREDITS: Cover: © Yuri Arcurs, Csaba Toth; Title Page: © Pamela Moore; Page 3: © Rich Legg; Page 4: © Seraficus; Page 5: © africa924; Page 6: © Solar Electric Light Fund; Page 7: © Swisoot, Rethees; Page 8: © Christopher Futcher; Page 9: © bjones27; Page 10: © Christopher Futcher; Page 11: © Yobro10; Page 12: © Coke Whitworth - Associated Press; Page 13: © Christopher Futcher; Page 14: © Ric Aguiar; Page 15: © CHOMPOONUTBUANGERN; Page 16: © quavondo; Page 17: © dstephens; Page 18–19: © NASA; Page 21: © Monkey Business Images

Editado por: Keli Sipperley
Diseño de tapa e interiores por: Tara Raymo
Traducción: Santiago Ochoa
Edición en español: Base Tres

Library of Congress PCN Data

Todo el mundo usa la tecnología / Colleen Hord
(Un mundo pequeño para todos, en todas partes)
ISBN (soft cover - spanish) 978-1-64156-022-1
ISBN (e-Book - spanish) 978-1-64156-100-6
ISBN (hard cover - english)(alk. paper) 978-1-63430-361-3
ISBN (soft cover - english) 978-1-63430-461-0
ISBN (e-Book - english) 978-1-63430-558-7
Library of Congress Control Number: 2015931697

Printed in China, Printplus Limited, Guangdong Province